(Troisième Série.)

LES ÉLECTIONS COMMUNALES

DE SAINT-BENOIT

Devant

LA POLICE CORRECTIONNELLE

PAR

VICTOR GRENIER

— o —

Prix : 1 franc 25

Typ. P. Grenier, Saint-Denis, (Réunion)

1878

POLICE CORRECTIONNELLE

DE SAINT-DENIS.

(Suite du procès Louis Brunet & consorts)

Nous reprenons aujourd'hui la suite du procès Louis Brunet et consorts, au point où nous nous étions arrêté dans notre précédente brochure.

Au commencement de l'audience, Me Champon, en vertu d'une circulaire ministérielle arrivée par la dernière malle, prit au nom de M. Charles Brunet, son client, des conclusions tendant à ce qu'il plaise au tribunal de surseoir toute poursuite contre Charles Brunet, en attendant le projet d'amnistie proposé à la Chambre des députés. Le tribunal, attendu que le fait reproché à Charles Brunet constitue un délit électoral, rejeta la demande de sursis et passa outre aux débats.

Après cet incident le tribunal passa à l'interrogatoire des accusés. Cet interrogatoire, après les débats si complets de cette affaire, ne pouvait être bien long pour la plupart des accusés. Aussi se borna-t-il à peu de chose, excepté seulement pour M. Louis Brunet qui prit la parole, et fit un résumé assez complet de son système de défense.

Il repoussa avec une énergique indignation toutes les manœuvres frauduleuses qui lui étaient reprochées. On le connaît dans le camp de ses adversaires, et on devrait lui rendre cette justice, qu'il a toujours respecté la loi et ceux qui sont chargés de l'appliquer. Après les élections du onze novembre, il avait résolu de renoncer à se porter comme candidat aux élections du vingt-cinq. Ce fait est surabondamment prouvé par les témoins honorables qu'il a fait entendre : Quant à l'incident Cochard, les mêmes témoins ont fait voir d'une manière évidente les mensonges de ce jeune homme.

Enfin, après être entré dans quelques détails, et indiqué différents moyens de défense que nous retrouverons dans les plaidoieries des avocats, M. Louis Brunet s'exprime ainsi :

« Si vous voulez me permettre, M. le président, d'ajouter quelques mots, je vous dirai que je considère tout ce qui a eu lieu dans cette affaire, comme une ligue et une machination de quelques fonctionnaires contre certains hommes d'un parti qui leur est opposé ; car je puis le dire, et j'ai le droit de le dire, la population de Saint-Benoit, n'est pas avec mes détracteurs, loin de là !

« Encore un mot. Avant de quitter Saint-Benoit, et après la fin de l'enquête, M. le premier substitut a bien voulu me faire espérer que toute cette affaire n'aurait pas de suite. Il me paraissait comprendre la nécessité d'une mesure d'apaisement, il a fait appel à mon patriotisme et je me suis empressé de me rendre à son désir. Une fête devait avoir lieu á Sainte-Anne, en commémoration de l Emancipation des esclaves. Une telle manifestation dans l'état des esprits à Saint-Benoit, pouvait compromettre l'ordre, on m'a demandé d'employer mon influence auprès de mes amis, pour que cette fête n'eût pas lieu, et cette fête n'a pas eu lieu. Voilà comment nous sommes des fauteurs de désordre. Mais après ce qui s'était passé entre M. le premier substitut et moi, je m'étonne d'être aujourd'hui sur le banc de la police correctionnelle. »

Après l'interrogatoire de M Louis Brunet, le Président passe á celui des autres accusés, à qui il rappelle sommairement les faits qui leur sont reprochés par l'accusation. Cet interrogatoire n'offre rien de particulier et se termine rapidement : La parole est donnée á M. Thiébault,

premier substitut du Procureur de la République. Nous ne donnerons que d'une manière som-
maire la physionomie des réquisitoires et des
plaidoieries des avocats, une reproduction tex-
tuelle serait trop longue, et n'offrirait pas un
bien vif intérêt, à cause des redites perpétuelles
qui se sont nécessairement produites dans le
cours de la discussion.

Le requisitoire de M. Thiébault, sans être
fort brillant, a eu le mérite d'être simple, sans
emphase, et empreint d'une extrême modération !
Il paraît que la défense s'attendait à des phrases
sonores et á de grands éclats de voix. Elle a ma-
nifesté son étonnement de voir le jeune magistrat du parquet rester dans les termes d'une
discussion sage et pleine de raison.

L'accusation a insisté surtout sur ce point,
que la politique devait rester étrangère aux débats qui se déroulaient devant le tribunal. Il s'a-
gissait tout simplement de manœuvres delictueu-
ses, et d'infractions à la loi électorale. Les par-
tis qui peuvent se diviser l'opinion coloniale
n'ont rien á faire dans cette poursuite que tout
le monde, que tous les bons citoyens doivent
approuver, puisqu'elle a surtout pour but de
moraliser le suffrage universel, dont la pratique
est si étrangement faussée dans notre colonie.
Laissant ces idées générales, M Thiébault a

pris un a un les accusés, et a cherché à démontrer leur culpabilité pour les faits qui sont imputés à chacun, et que nous connaissons déjà parfaitement, après la discussion des débats que nous avons fait connaître précédemment.

Après le requisitoire de M. Thiébault, la parole a été donnée aux avocats de la défense qui se sont présentés dans l'ordre suivant :

1° Me Edouard Le Roy, qui paraissait être plus particulièrement l'avocat de M. Louis Brunet, mais dont la plaidoierie générale et fort bien étudiée, pouvait servir de défense à beaucoup d'autres accusés.

2° Après Me Edouard Le Roy, c'est Me Naturel qui est entré en lice, pour présenter la défense à peu près impossible du citoyen Chrétien Cochard, dont nous avons fait le portrait dans une précédente brochure.

3° Après Me Naturel, la parole a été donnée à Me Champon avocat spécial de M. Charles Brunet, mais qui, comme son confrère, Me Edouard Le Roy, a embrassé dans sa défense plusieurs autres accusés.

4° Après Me Champon, M. Madre, procureur de la République, est venu poser l'accusation

sur des bases larges et solides, et dans un discours vif et brillant, quoique un peu trop préci-
pité, n'a pas été sans produire une véritable impression sur l'auditoire.

5° Enfin, Mᵉ Paul Sers a résumé les débats
avec le rare talent que tout le monde connaît, et
après des considérations générales fort étendues,
il a défendu les uns après les autres tous les
accusés qui se trouvaient assis sur les bancs de
la police correctionnelle.

Il n'y a pas eu de réplique : chacun des ora-
teurs dont nous avons fait connaître les noms,
n'ayant parlé qu'une seule fois.
Disons rapidement un mot sur chacun d'eux.

En suivant l'ordre que nous avons indiqué
ci-dessus, nous commencerons par M. Edouard
Le Roy qui a pris le premier la parole au banc
de la défense.

Mᵉ Edouard Leroy est un jeune avocat à qui
les radicaux de l'endroit, parmi lesquels il compte beaucoup d'amis, ont promis un brillant ave-
nir. Qui vivra verra ! Pour le moment Mᵉ
Edouard Leroy est un jeune homme blond-fade,
d'une tenue irréprochable, artistement peigné au
physique et au moral : pas un cheveu, pas un
brin de barbe qui ne soit justement aligné dans

ce système capillaire admirablement soigné. Et la phrase de Mᵉ Leroy est comme sa coiffure, elle se dessine en cœur ; mais il lui arrive cependant quelquefois de faire des chûtes, qu'on remarque d'autant plus facilement, qu'on ne s'y attend pas. C'est ainsi qu'à la première audience du procès que nous reproduisons actuellement, il est arrivé à Mᵉ Edouard Leroy de regretter l'absence de son confrère, Mᵉ Champon, qui devait, a-t-il dit, « donner un fameux coup de main à la défense, » c'est encore ainsi, que dans sa plaidoierie évidemment soignée, préparée, écrite et apprise en grande partie par cœur, il s'est oublié jusqu'à répéter dix fois de suite, à la fin de plusieurs périodes retentissantes, l'expression : « allons donc », — nous en avons fait le compte, et c'est ainsi.

Du reste, si Mᵉ Edouard Leroy présente à l'extérieur les allures féminines d'une poupée de chaux, il faut reconnaître que ce jeune homme est doué d'une intelligence et d'une énergie incontestable. Il est de l'école de ceux qui pensent que le barreau doit servir de marchepied aux grandes carrières politiques. Une plaidoierie dans un vulgaire procès politique a suffi pour faire la fortune de Gambetta. Cet exemple est retenu et il peut tourner la tête à beaucoup de jeunes avocats. Mᵉ Edouard Leroy, qui a du style, et une indépendance exagérée dans la phrase ne produit pas la même impression que Gambetta sur ses auditeurs ; il lui manque ce mâle organe qui distingue le tribun, et il ne peut pas non plus exprimer par le geste, le regard et le jeu de la physionomie, ces passions violentes qui inspirent l'homme politique. Non ! Me Le Roy dit doucement les choses les plus rudes, sa voix ne connaît pas d'inflexions graves, et jusqu'à « Je vous hais ! » elle dit tout avec calme et douceur.

C'est ce qui explique que Me Edouard Le Roy n'a pas été arrêté plus tôt, dans son exorde agressif contre l'Administration, et peut-être contre l'Autorité judiciaire.

Il a commencé sa plaidoierie d'une façon aigro-douce, en constatant que le réquisitoire de M. Thiébault, auquel il répondait avait été d'une extrême modération. Me Edouard Le Roy, ne s'attendait pas à cette modération, qu'il explique d'une façon assez inconvenante par l'arrivée de la dernière malle, laquelle nous a apporté des nouvelles de nature à réjouir et combler d'aise la fine fleur des radicaux de l'endroit.

M. Edouard Le Roy est dans la politique locale, un jeune républicain très-avancé : c'est dans son bureau de la place de l'Eglise, que se réunit le comité électoral démocratique. Aussi, ne devons nous pas nous étonner si M. Edouard

Le Roy déteste l'arbitraire et poursuit impitoya-
blement les écarts de la police. Ah ! Pauvre
M. Tourneux, commissaire principal à Saint-
Benoit, pendant les élections du 25 novembre
dernier ! vous vous souviendrez d'avoir passé par
les mains de ce fougueux avocat, qui trouve que
vous avez des yeux de taupe pour les conservateurs, et des regards de lynx quand il s'agit de
faire verbaliser contre les frères et amis pris en
flagrant délit d'ivresse !

Mais ce n'est pas tout ! M⁰ Edouard Leroy ne
se contente pas d'éreinter la police. Il reproche
au parquet de n'avoir pas informé contre certains conservateurs, qu'il ne craint pas de dé-
noncer, au moins d'une manière générale; si on
lui réplique qu'il y a actuellement des enquêtes
ouvertes sur les faits qu'il signale, il demande si
ces enquêtes ne sont pas ouvertes depuis l'arrivée de la dernière malle. Que faisiez-vous, dit-il
lorsque des faits étranges se passaient à St Benoit ? Pourquoi ne faisiez vous pas ceci ou
cela ?.... etc.

Ici le Président, crut devoir rappeler l'avocat
à la modération, et le prier de ne pas continuer
sur ce ton désobligeant pour l'autorité M⁰ Ed.
Leroy dût mettre un frein à sa fougue ; mais laissant de côté le parquet et l'administration su-
périeure : il se donna le plaisir de dauber le

maire de Saint-Benoit, qui décidément ne paraît pas être de ses amis. — Oh ! Mᶜ Edonard Leroy n'a pas été précisément tendre et gracieux à l'égard de M. Bellier de Villentroy ! — Il l'a représenté comme un animal cherchant à singer les tyrans les plus renommés. Le Roi Soleil, Louis XIV, s'est écrié le défenseur de M. Louis Brunet, s'est permis un jour d'entrer au milieu de son parlement, botté et la cravache à la main, et Mᶜ Edouard Leroy, ne désespère pas de voir M. Bellier de Villentroy faire une entrée semblable dans le sein du conseil municipal de Saint-Benoit, où il viendra dire par imitation : « la Commune de Saint-Benoit, c'est moi ! »

Est-ce assez réussi ? Et M. Edouard Leroy a-t-il assez usé de la permission que messieurs les avocats se donnent de faire des portraits de fantaisie pour peindre leurs adversaires ? — Mais permettez ! monsieur l'avocat démocrate, permettez ! — Vous oubliez que M. Bellier de Villentroy, maire de Saint-Benoit, est l'élu du suffrage universel, qui vient de se prononcer en sa faveur dans une éloquente manifestation, eh bien ! Vous qui vous glorifiez d'être un adorateur du dieu Suffrrage Universel, comment se fait-il que vous vous permettiez de manquer de respect à ses élus ? — Il faudrait être logique en tout, et ne pas abuser de la qualité de défenseur républicain, pour adresser mal à propos des sottises à ses adversaires.— Est-ce que, par hasard Me Edouard Leroy qui est, dit-on, versé dans la littérature coloniale, penserait comme la Muse des Trois-Bassins, qu'il suffit de se dire républicain pour avoir le droit d'injurier les gens ?

> Contre Célimène
> Monsieur Gabou,
> N'ayez pas de haine
> Monsieur Gabou,
> Cett' républicaine
> Monsieur Gabou,
> Est un peu sans gêne,
> Monsieur Gabon,
> Et se fich' de vous,
> Monsieur Gabou !

Que M. Edouard Leroy nous permette de lui dire que ce « sans gêne républicain » peut être toléré dans la poésie un peu risquée de Célimène, mais que nous attendions quelque chose de plus sérieux de sa part, á lui maître Edouard Leroy, le jeune espoir de la démocratie locale, et le successeur probable de nos patriotes coloniaux.

Donc, nous avons peu prisé les attaques exagérées que M. Leroy a dirigées contre M. le maire de Saint-Benoit qui n'était pas en cause, et qui ne pouvait pas se défendre. Nous l'avons mieux aimé dans le rôle de panégyriste de M.

Louis Brunet. Il a fait de son client un éloge qui a eu de l'écho dans plusieurs parties de la salle. Nous applaudissons fort à cette partie de la plaidoierie de M. Edouard Leroy, où il a rendu hommage au caractère chevaleresque de M. Louis Brunet qui se distingue, a-t-il dit, par la générosité et la bravoure ; mais pourquoi le défenseur, en rendant justice aux vertus privées de l'homme dans son client, a-t-il cru devoir peindre en ennemi politique, M. Bellier de Villentroy qui a aussi, autant et plus que M. Brunet, les sympathies de ses concitoyens ? — Il faut être juste pour tout le monde, et même pour ses ennemis. Nous terminerons par cette réflexion ce que nous avions à dire de la plaidoierie de Me Edouard Le Roy que nous aurons, dit-on, l'avantage de voir paraître, revue, corrigée et augmentée dans le « Nouveau Salazien » dont le dit M. Le Roy, est un des collaborateurs les plus appréciés.

Après la plaidoierie de Me Leroy, c'est maître Fortuné Naturel qui a pris la parole.

Son Impertinence, maître Précioso, se présentait à la barre sous prétexte de défendre le citoyen Chrétien Cochard déjà nommé. Nous avons déjà fait, plusieurs fois dans nos brochures, le portrait de cet avocat distingué du barreau de St-Denis : nos lecteurs doivent le connaître assez, et pour aujourd'hui, nous n'ajouterons qu'un mot, c'est que Me Fortuné Naturel, s'est toujours montré un agréable causeur, mais que sa position délicate dans le débat a paralysé nécessairement une grande partie de ses moyens.

Me Fortuné Naturel s'est surtout attaché à défendre et à justifier l'administration municipale de St-Benoit, confiée à **M.** Bellier de Villentroy. Cette tâche n'était pas difficile à remplir, l'honorabilité du maire de Saint-Benoit ne peut faire de doute pour personne, et il paraissait assez superflu de se donner la peine de la défendre. Il faut néanmoins reconnaître que **M.** Fortuné Naturel a mérité l'approbation de tout le monde, quand il est venu protester contre des accusations injustes et sans fondements, et inspirées seulement par la haine des passions politiques. Si **M.** Naturel avait borné là son rôle, il eût été parfait, mais malheureusement, entraîné par les attaques des adversaires, il a crû devoir transformer sa position de défenseur en un mandat d'accusateur. Cela a rendu sa position excessivement fausse dans les débats, et lui a valu l'épithète de « Cheval de renfort de l'accusation. »
Et la défense de Chrétien Cochard ? — **M.** Naturel n'en a eu cure. Il a même terminé sa plaidoierie en concluant à peu près à la condamnation de son client. Ce fut réellement étrange !

Après la plaidoierie de **M.** Naturel, **M.** Champon a pris la parole pour présenter la défense de M. Charles Brunet spécialement, et de plusieurs autres accusés d'une façon générale.

M. Champon est un jeune avocat qui a su se faire rapidement, dans le barreau de St-Denis, une position honorable, basée sur un incontestable mérite. Il est studieux et modeste, et on ne peut lui reprocher, comme à quelques uns de ses jeunes confrères, ni les exagérations d'une prétention outrée, ni ces habitudes d'insolence qui caractérisent la manière de dire de quelques uns d'eux. A l'extérieur, M. Champon est d'une grande simplicité, il ne porte pas les cheveux en cœur, et il rirait à l'idée d'être obligé d'entrer péniblement dans ces pantalons à la cuisse, qui emprisonnent les jambes de certains de ses camarades.

Somme toute, c'est au moral un garçon charmant, qui jouit de la sympathie générale ; mais au physique nous devons avouer qu'il ne paye pas de mine ; c'est un bonhomme trapu, aux bras forts et aux larges épaules : le cou est gros, la tête moyenne, la barbe rare, tel enfin qu'on nous fait la description des individus mâles de la race des Esquimeaux.

Sous cette rude écorce, M. Champon possède une délicatesse et une finesse d'esprit qu'il est impossible de ne pas remarquer, il a des réparties brillantes et des observations pleines de traits. Seulement, si nous pouvions nous permettre de lui donner un conseil, nous lui dirions de s'abstenir autant que possible des mauvais calembours dans des causes sérieuses. M. Champon en a fait un que nous avons rapporté, sur la brèche pratiquée au fond de l'emplacement de M. Louis Brunet : ce fut évidemment d'un goût douteux. Nous avons mieux aimé la question qu'il a posée pendant l'interrogatoire des témoins à cet individu qui est venu déclarer à l'audience, qu'il avait reçu 2 francs pour voter, et qu'il n'avait pas pu voter : — Avez-vous rendu l'argent, demanda M. Champon ? — Non, le témoin avait oublié de faire cette honnête restitution. — Cette question avait le mérite, tout en faisant rire l'auditoire, de montrer la moralité de ce singulier témoignage.

Comme son confrère Me Edouard Leroy, mais avec beaucoup plus de réserve, Me Champon a commencé sa plaidoirie par des considérations générales sur la politique, et il a terminé en faisant l'éloge de la famille Brunet, dont il était chargé de défendre le principal membre devant le tribunal.

Nous devons remarquer, que les avocats de la défense s'étaient entendus pour faire de cette cause un véritable procès politique. Depuis M.

Leroy qui a parlé le premier, jusqu'à Me Paul Sers qui a eu le dernier la parole, ils ont tous, a satiété, répété la même rengaîne dont nous verrons dans un moment, le procureur de la République faire prompte et bonne justice.

A la rigueur, M. Charles Brunet n'avait pas besoin d'avocat pour se défendre contre l'accusation qui était dirigée contre lui. Sans doute, pendant un moment de tumulte qui troublait les opérations électorales, M. Charles Brunet, membre du bureau, avait pu dire au Maire : « Mais M. le Président faites donc rétablir l'ordre, ou bien : Mais M. le Président vous ne savez pas maintenir l'ordre : » A quoi M. Bellier de Villentroy aurait repondu : « Qu'il ne recevait des leçons de personne, » ce qui aurait amené la réplique de M. Charles Brunet : « Eh bien ! moi j'en donne. » Sans doute ce colloque a pu avoir lieu, ainsi que le rapporte un procès-verbal dressé contre M. Charles Brunet ; mais celui-ci ayant déclaré au tribunal qu'il n'avait nullement eu, dans la circonstance, l'intention d'outrager le Maire de Saint-Benoit, la culpabilité de Charles Brunet devait disparaître, surtout en présence de certains témoignages qui sont venus établir, que la conduite de Charles Brunet n'a pas cessé d'être correcte pendant tout ce colloque. En vain, M. Ernest Hoareau est-il venu affirmer qu'il y avait quelque chose de provocateur et d'agressif dans l'air et le regard de **M.** Charles Brunet ; mais cela ne pouvait pas suffire, évidemment, pour établir une culpabilité légale, et le ministère public, avec raison, avait à peu près abandonné l'accusation contre M. Charles Brunet qui, nous le répétons, n'avait pas besoin d'être défendu.

Mais dans les plaidoieries produites dans certaines causes, ce n'est pas seulement l'intérêt des accusés qui est en jeu, il faut bien reconnaître que l'intérêt de l'avocat, lui-même, n'est pas toujours oublié : Me Champon tenait sans doute à se faire connaître par une défense remarquable ; il a peut-être réussi en partie.

On a généralement apprécié le passage où il a rappelé un fait d'indépendance de la carrière de M. Sully Brunet, frère de Charles Brunet, aujourd'hui sur le banc de la police correctionnelle :

« On se souvient encore au barreau de Saint-Denis, a dit Me Champon, du passage au parquet d'un jeune magistrat qui a mérité les sévérités du gouvernement de l'époque, pour avoir noblement fait son devoir, en réclamant le droit à la liberté en faveur d'un malheureux qu'une famille puissante voulait maintenir dans l'esclavage. .»

En effet, de retour dans la Colonie après avoir été faire son droit dans la Métropole, le jeune Sully Brunet était entré dans la magistrature coloniale en qualité de substitut du procureur du Roi. C'est alors qu'un nommé Alexis, ancien esclave, qui avait suivi ses maîtres pendant un voyage dans l Inde, et qui de retour à Bourbon était illégalement maintenu en esclavage après avoir cependant touché un sol français où il n'y avait pas d'esclave, c'est alors, qu'Alexis vint consulter M. Sully Brunet qui lui déclara que la loi française le faisait libre. Et cette déclaration fut donnée par écrit et versée au dossier d'Alexis. Cela suffit pour motiver la destitution du jeune magistrat Quand le procureur général eût à faire enregistrer cet arrêté de destitution par la Cour, il ne craignit pas de dire qu'on l'avait forcé d'assister au deuil de la magistrature coloniale, et il demanda son retour en France.

Cette épisode de la vie de Sully Brunet, racontée en termes fort heureux par M⁰ Champon a fait une vive impression sur l'auditoire. L'avocat aurait pu ajouter, que Sully Brunet a été un des hommes les plus remarquables de la Colonie, à laquelle il a rendu d'incontestables services. Sans parler de la gloire modeste qui lui revient, pour avoir doté son pays natal de la patate qui porte son nom, on peut dire qu'il a mérité la reconnaissance de ses compatriotes pour le dévouement avec lequel il a représenté la Colonie en qualité de délégué pendant longues années.

Tous les créoles qui l'ont vu en France, et surtout les jeunes gens qui lui étaient recommandés, peuvent dire avec quel empressement il se mettait à leur disposition, en leur prêtant l'appui de son influence, en leur donnant ses conseils, et le secours quelquefois même de la bourse. Si Maître Champon avait voulu faire un éloge complet de la famille Brunet, il pouvait aussi parler du respectable M. Auguste Brunet, frère de Sully, qui a laissé de si sympathiques souvenirs dans tous les degrés de la société créole. Et M. Charles Brunet lui même, aussi bien que son fils Louis Brunet ne sont-ils pas généralement appréciés, comme on a pu le constater dans le cours de ces débats, pour leurs éminentes qualités du cœur et de l'intelligence ? — Mᵉ Champon pouvait donc librement faire l'éloge de la famille de son client, personne n'y aurait contredit ; mais pourquoi partir de cet éloge pour se plaindre d'une trame imaginaire ourdie contre la famille Brunet ? Personne ne songe à persécuter ces messieurs ni dans le public ni dans l'administration, et si nous avions besoin de prouver ce que nous disons ici, la présence seule de cet estimable magistrat qui suivait attentivement les débats dans un fauteuil placé derrière le Président, et dont l'avancement rapide a été accueilli généralement avec faveur, serait une éloquente démonstration de nos paroles.

Après la plaidoierie de M⁰ Champon, et surtout après celle de M⁰ E. Leroy dont nous avons signalé les exagérations fantaisistes, il était évidemment nécessaire de rétablir les faits dans l'intérêt de la raison et de la vérité. C'est ce que M. Madre, procureur de la République, s'est chargé de faire dans une improvisation rapide et nerveuse.

M. le procureur de la République en prenant la parole s'est étonné, à juste titre, d'une particularité qui avait frappé tout le monde dans l'auditoire : C'est que les avocats des accusés au lieu de s'occuper de la défense de leurs clients, ne semblaient préoccuper que de l'idée d'attaquer et d'invectiver des adversaires imaginaires qui n'étaient point en cause. Ils ont demandé au parquet pourquoi il s'était abstenu de diriger des poursuites contre tels ou tels individus, qui professaient des opinions politiques contraires à celles de M. Louis Brunet. Le ministère public qui ne doit pas compte des déterminations que lui inspire sa conscience aux avocats des accusés, pouvait s'abstenir de répondre : Il a cru cependant devoir faire connaître, que des enquêtes étaient ouvertes sur certains faits qui lui éta'ent dénoncés.

Mais quoi ! que signifie cette façon de répondre à des accusations par des attaques plus ou moins justifiées contre des adversaires ? — De ce que plusieurs membres du parti conservateur peuvent être convaincus de quelques contraventions ou délits en matière électorale, cela prouve-t-il, que les accusés, de l'opinion pretendue radicale, qui se trouvent sur les bancs ne sont pas coupables des mêmes délits ou contravations ? — Et puis, depuis quand les avocats qui font profession de défendre les accusés, renoncent-ils à leur honorable mandat pour se faire les auxiliaires de la police ?

On dit que la passion politique excuse ces choses-là ; mais peut-on, raisonnablement, voir de la politique dans ce procès. En vain Me Leroy s'appuyant sur l'opinion de Faustin Elie, nous apprend que les délits en matière électorale sont rangés parmi les délits politiques, cela n'empêche pas de demander ce qu'il y a de politique dans le fait inconscient de Vallery Pierre, par exemple, qui a voté quand une condamnation antérieure l'avait privé de ce droit ; cela n'empêche pas de se demander encore avec plus d'étonnement, ce qu'il y a de politique dans le cas de MM. Arthur Anne-Luce, Armand Arthur et autres.

Est-ce que la candidature de M. Louis Brunet aux élections municipales du 25 novembre dernier, était une candidature politique ? — Pas davantage. La lutte qui s'était engagée entre cet accusé principal et M. Bellier de Villentroy était une lutte purement personnelle. Il s'agissait de savoir à quelles mains on devait confier l'administration municipale de la commune de Saint-Benoît, cela est clair comme le jour, quand on remarque que les candidats de la liste de M. Bellier de Villentroy sont aussi bons républicains, aussi religieux observateurs des lois qui régissent notre constitution actuelle, que les candidats qui se faisaient porter en même temps que M. Louis Brunet.

Que M. Bellier de Villentroy ait par tradition de famille des principes de gouvernement et de religion qui lui sont chers, possible ! Cela ne l'empêche pas d'être un excellent maire, et d'administrer sa commune avec la sympathie de la majorité de ses concitoyens. Que par contre M. Louis Brunet tienne aussi par tradition à des idées radicales qui lui viennent de sa famille, possible encore, il n'a pas pour cela le droit exclusif de servir la République, quand le suffrage universel s'est prononcé contre lui.

Mais voyez quels sont ceux qui marchent d'accord avec M. B. de Villentroy dans le conseil municipal ! N'est-il pas franchement républicain, ce docteur Jacob de Cordemoy, dont l'intelligence et la supériorité morales ne sauraient être mises en doute ? — N'est-il pas franchement républicain cet honorable docteur Michel dont la réputation est répandue à si juste titre dans toute l'Ile de la Réunion, et attire tous les ans dans le pays les malades de la Colonie voisine ? — N'est-il pas républicain, surtout, cet honorable M. Alexis Charlette, fils de ses œuvres, qui est sorti à l'ombre des idées libérales d'une position inférieure, pour venir s'asseoir au premier rang de la société créole ?

Une autre considération qui prouve bien que les élections munipales de Saint-Benoit n'avaient aucun caractère politique, c'est ceci :

Le 11 novembre, il y a eu des élections municipales, et c'est le parti de M. Bellier de Villentroy qui a triomphé sur toute la ligne.

Le 18 novembre, ce sont les mêmes électeurs qui ont donné une majorité imposante à la candidature de M. de Mahy à la Chambre des députés, candidature qui n'avait certes aucun caractère monarchique et rétrograde.

Enfin le 25 novembre les mêmes électeurs votent pour M. Louis Brunet et pour d'autres candidats qui sont patronnés par le maire. — Peut-on supposer qu'un parti politique soit exposé à de pareils revirements ? — Evidemment non ! il faut laisser de côté cette plaisanterie, cette balançoire à l'usage des avocats de la défense, que nous avons affaire ici à un véritable procès politique.

Nous n'avons affaire qu'à des délits électoraux, qu'à des fraudes, qu'à des manœuvres, qu'à des contraventions électorales vulgaires, que la justice doit poursuivre, et dont tous les bons citoyens doivent désirer la répression, dans l'intérêt de l'opinion républicaine elle-même, dans l'intérêt du suffrage universel, dont la pratique est si mal comprise dans notre colonie.

Après ces observations générales, M. Madre passe rapidement en revue les différents faits imputés à chacun des accusés. Nous ne reviendrons pas sur cette partie de son discours, qui n'est qu'une répétition de tout ce que nous avons vu pendant le cours de ces longs débats.

Le devoir du ministère public était aussi de défendre la personnalité des différents fonctionnaires qui avaient été injustement attaqués par les avocats de la défense. M. Madre n'y a pas manqué.

Un des avocats de la défense avait laissé entendre que M. Tourneux avait reçu la récompense de ses complaisances et de sa partialité envers les électeurs du parti conservateur, puisque dans les premiers jours de janvier il avait été appelé à exercer les fonctions importantes de commissaire principal de police de Saint-Denis. Le ministère public dût répondre à cette insinuation malveillante. S'il est vrai que M. Tour neux a été appelé à St-Denis en qualité de commissaire principal, il est certain que ce mouvement, dans le corps de la police, était demandé et arrêté depuis fort longtemps avant les évènements du 25 novembre dernier, d'ailleurs en changeant de résidence, M. Tourneux n'a pas changé de grade, et sa position est toujours la même, au point de vue des avantages qu'elle rapporte, seulement au point de vue des charges, sa position est devenue à St Denis beaucoup moins avantageuse qu'à St-Benoit, à cause de la responsabilité relativement beaucoup plus considérable dans ces nouvelles fonctions.

Le ministère public a tenu aussi à dire un mot en faveur de MM. Arnaud, suppléant du juge de paix, Chateau, receveur de l'enregistrement, Vergoz, syndic des immigrants, Ernest Hoareau, dépositaire comptable, — tous fonctionnaires à St-Benoit, et qui ayant été appelés dans la cause comme témoins à charge, avaient par cela seul, mérité les attaques et les invectives de l'avocat de la defense.

Après avoir terminé son requisitoire, M. le Procureur de la République avait oublié de s'exprimer à propos du fameux incident du drapeau blanc, il reprit la parole pour en dire quelques mots :

Le parquet avait reçu, à la date du 4 janvier dernier, une lettre de M Louis Brunet dans laquelle celui ci lui dénonçait ce fait d'un drapeau blanc promené à St-Benoit à la suite des élections du 11 novembre dernier. — La correspondance de nos représentants nous apprend, qu'à la date du 3 janvier, M. de Mahy recevait une communication de même genre. Cette coïncidence est bonne à noter. — Quoiqu'il en soit, sur la plainte venue de Saint-Benoit, le parquet a pris des informations qui n'ont abouti à rien de sérieux, sur la demande d'enquête venue de Paris, une nouvelle information plus complète et plus minutieuse a lieu en ce moment, quel en sera le résultat? Le ministère public ne peut rien préjuger à cet égard, mais il est tout naturel de penser, que tout cela est une montagne qui accouchera d'une souris.

Il y a une circonstance très piquante que M. le Procureur de la République aurait pu signaler dans la circonstance, c'est qu'à la date du 25 novembre, certains électeurs pour célébrer leur triomphe du jour, ont promené un drapeau tricolore dans les rues de Saint-Benoit, et la lance de ce drapeau était enveloppée d'un immense bouquet de fleurs de lys blanches. Quels étaient ces électeurs, et en faveur de qui se livraient-ils à une bruyante manifestation? — C'étaient des électeurs de M. Louis Brunet, des républicains de la plus belle eau, qui venaient manifester en faveur de leur chef de file, en criant vive la République! — Vive la République avec des fleurs de lys ! — Allons tout cela u'est pas sérieux, ni d'un côté, ni de l'autre.

Après le requisitoire de M. Madre, la parole fût donnée à M. Paul Sers. De qui était-il l'avocat? — Ma foi d'après sa plaidoierie, il avait l'air d'être un peu l'avocat de tous les accusés. Ce qu'il y a ce certain, c'est que la défense l'avait gardé comme on dit, pour la bonne bouche.

M. Paul Sers est sans contredit un de nos avocats créoles les plus remarquables ; c'est peut-être le plus brillant, c'est à coup sûr le plus spituel causeur que nous possédions au barreau de Saint-Denis. Sa voix n'est pas forte, mais elle est claire et se fait facilement entendre, il nous rappelle la manière d'Alfred Lebel, dont le talent sympathique a laissé de si brillants souvenirs parmi nous. Mais cette ressemblance est tout-à-fait moralé, M. Paul Sers n'a pas les avantages physiques et la tête irréprochable d'Alfred Lebel. Il est au contraire très laid. Sa figure injectée, est une grimace au milieu d'une touffe énorme et continue de cheveux rouges et de larges favoris écarlates. Ces appendices capillaires lui donnent tout-à-fait l'air d'un gentilhomme anglais, il est président de notre Jockey-Club.

Il ne faut pas croire cependant, après un pareil portrait, que Me Paul Sers soit au physique d'une physionomie désagréable. Non ! On s'accoutume à cette laideur, et elle disparaît complètement, quand Me Paul Sers se donne la peine de vous captiver par le charme de son séduisant langage.

On a remarqué que les hommes qui brillent ordinairement par l'esprit, ne sont pas en même temps d'une beauté exemplaire. M Dupin aîné qui a été un des hommes les plus spirituels de son temps, ressemblait trait pour trait à un singe. Voici une anecdote qui n'est pas hors de saison :

« Le célèbre président de la Chambre des députés, sous Louis-Philippe, était un jour en villégiature dans une de ses terres. Un de ses fermiers s'empressa de venir lui présenter ses hommages. Avant d'être introduit dans le cabinet de M. Dupin, le visiteur dût attendre quelques instants dans l'antichambre. Là il remarqua dans un coin de l'appartement un personnage vêlu, à qui il voulut prendre la main, mais qui le repoussa en le menaçant de le mordre. Le domestique étant intervenu. le fermier fût introduit dans l'appartement de M. Dupin, où le paysan après les compliments ordinaires lui dit : « Je viens de voir, en entrant, votre petit ; il est charmant : il vous ressemble ; mais il est un peu malicieux et a voulu me mordre quand je lui ai offert la main. » — Or, ce petit à M. Dupin qui lui ressemblait si fort, était un jeune orangoutang qu'un capitaine de vaisseau avait donné au président de la Chambre. — Je ne veux pas dire pour cela que M. Paul Sers ressemble tout-à fait à un jocko rouge.

Quoiqu'il en soit, la plaidoierie de M. Paul Sers dans l'affaire qui nous occupe a besoin d'être analysée avec soin. Dans une partie la plus importante, M⁰ Paul Sers a voulu montrer le but et la cause de ce procès qui ont amené Louis Brunet et consorts, sur le banc de la Police correctionnelle : — Dans une autre partie, M. Paul Sers a présenté rapidement et successivement la défense de tous les accusés les uns après les autres, à l'exception, je crois, de celle de l'accusé Chrétien Gochard, qu'il pouvait parfaitement laisser de côté.

M. Paul Sers, cela se comprend, comme tous les autres avocats de la défense, a soutenu que le procès intenté à M. Louis Brunet et consorts est bel et bien un procès politique. — Nous savons à quoi nous en tenir sur ce point. Mais ce que nous ne connaissons pas, c'est la genèse de ce procès que M. Paul Sers nous explique d'une façon fort étrange, sans nous dire, si c'est avec ou sans révélation.

« On a été trouver le chef de l'administration, dit M⁰ Sers, et on lui a dit : Ne vous préoccupez pas des dissentiments continus qui troublent e conseil municipal de St-Benoit. — Nous ferons cesser cela par de nouvelles élections, où nous saurons nous débarrasser des républicains. De nouvelles élections eurent lieu le 11, on triompha et voici une partie des promesses réalisées ; — Mais il reste un point noir, il y a encore trois siéges á pouvoir sans rompter que le Bras-Panon a nommé trois républicains ! Les élections du 25 ont lieu et voilá deux nouveaux républicains qui arrivent sur la liste de Louis Brunet ! Mon Dieu ! Cela fera encore cinq républicains dans ce malheureux conseil. C'est plus qu'il ne faut pour y entretenir le désordre et voilà que les promesses faites ne sont plus réalisées ! — Alors que faire ? Il faut annuler les élections du 25 et faire le procès que nous voyons, Voilà ! » — Ou diable l'esprit inventif de M. Paul Sers a-t-il pris toutes ces choses ? C'est ce que nous ne saurons probablement jamais, à moins que tout cet échafaudage n'ait été habilement construit et préparé que pour motiver cette belle phrase à mouvement, par laquelle M. Paul Sers a terminé sa plaidoierie : « Espérons que notre magistrature coloniale, digne héritière des anciens parlements de la métropole , répondra qu'elle rend des arrêts et non pas des services. »

Nous ne ferons qu'indiquer en terminant la partie de la plaidoierie de M. Paul Sers, où cet avocat a présenté pour chaque accusé une défense aussi complète que possible. — Après cette plaidoierie, Me Naturel et le ministère public ayant renoncé à répliquer, le tribunal a clos les débats et renvoyé à quinzaine le prononcé du jugement, que nous avons fait connaître sommairement dans notre dernier numéro.